La última vez que la luna dijo tu nombre
Laura María Vera Becerra

Colección Baños del Carmen

Laura María Vera Becerra

La última vez que la luna dijo tu nombre

EDICIONES VITRUVIO
Colección Baños del Carmen,
nº 1025

www.edicionesvitruvio.com

Primera edición 2025

© Ediciones Vitruvio
C/ Menorca, nº 44
28009
Teléfono: 91 573 21 86

ediciones vitruvio, nº 1. 701
ISBN: 978-84-129496-3-6

La última vez que la luna dijo tu nombre

Dedicado a mi abuelo Antonio
que me enseñó el arte de las buenas letras.

PARTE I:
DE PALABRAS DE ACERO QUE SE FUNDEN EN BAÑERAS

Tengo una fuerte adicción a las letras,cada una de las cuales aspira
a componer tu nombre.

Mi piel es la flor favorita de tus nervios,y la paciencia, un butrón tapiado
con el mapa de una fuga.

Vivo perenne, atribuida en un concurso de ensayos que te concluyen
y me apresuro al momento
en que tus lícitas cadencias me consumen,exiliado las brújulas del norte al olvido.

Camino a zancadas,
esquivando los segundos que paso en el umbral de tus pestañas.

Y esa fuerte adicción fue un cigarro
que me encendió un comunista en 1942.

"Corren malos tiempos
para que la libertad sea libre",

decía.
Su nombre era Iván.
Y en mí se tallaron sus pasos
dibujando el Nikola Tesla de Meštrovi, y los gritos del Terrible
que clamaban:

"He sobrepasado a todos los pecadores".

Las ideas de Iván me amaron el tiempo permitido, ahora,
deambulo entre disertaciones de *cómo se templa el acero.*

A veces, recuerdo su muerte y enmudecen mis gritos
con una bala atravesando su cráneo.

Él, delante de mí.

Mi memoria, en la Rusia Imperial
o en el descuido de un asesino en Manhattan.

Fibrila un poco y se para.

Y este corazón mío
usó el tiempo como chantaje de mis letras,para poder acortarse.
Nadie lo sabe, pero un rato sin Iván deshizo el tiempo en segundos
para encontrarse contigo.

Y los que sucedieron, me pintaron en una bañera de Alfred
Stevens donde una indeleble voz me decía:

"Eres fuerte pequeña, como el roble del ángel,
como una diosa que fuma erguida en el cumpleaños de la Luna".

Desde entonces, todas las canciones rasgan mis vestidos si
escuchan su voz.

Se llamaba Julio y era médico.
Y en mayo de 1947, esa fuerte adicción

fue un tratado sobre los electrocardiogramas de las cosas inertes,
que latían solo para él.

Despertaba en su cama los martes sintonizando la voz de Dios,
o de Jenner, y acababa encontrando a Rabelais,citando los
pliegues de su barba.
Con Julio, lo complejo solo era tímidoy juntos adornamos las
nubes
de escenarios para escapar de la lluvia.

Con él, sufrí el infarto de un alma errante o el adiós impreso en
una radiografía,
o Manuel del Río, natural de España,
nacido en un lugar vuelto polvo tras sus pasos.

Arañaba la muerte como la flor más bonita de una larga vida.
Pero una mañana encontré una carta.
Y, en ella, esculpida con desprecio de mujer, las palabras:

"Podrás escapar eternamente,pero tu alma siempre será
parte del aire que apresa mi boca".

Entonces, supe que Julio sería el único mes en que yo moriría de
frío.
Se casó con ella en el invierno de 1953.

Con mi pasado, con las canciones
robadas de las notas de su voz…

…con mi última caricia.

PARTE II:
DE BILLETES EMPAPADOS EN UNA
COPA DE PETER DAWSON

La marcha de Julio recompuso el ritmo del tiempo en segundos. El amor se mudó a mi cama rechazando ilusionarme.

Me mordían las ganas de cruzármelo sin querer,
o sorprenderlo entre gloria estampada en papel:

«Que derriben los ojos, que derriben las manos como estatuas vacías».

Y, sin querer, me abatió, haciéndome consciente
de los momentos que me restaban de ti.

La guerra contra nuestros principios, despertó en 1955, mientras
se fraguaron los relatos de un náufrago
 y se socavaban los barrotes de la celda de Rosa Parks.
Removiendo un Peter Dawson del treinta y dos, vertí mis lamentos
encima de Isaac.
Se enfadó, pero lamió los restos del cristal de mis manos.

Preguntó por mi cumpleaños y cité a la Luna.
Después, subimos a la habitación número 247.

Isaac fundía palabras y bebía restos de poemas.
Pasó siete mil segundos hablando sobre que Medea, en octubre,
cumplía la peor de las penitencias.

Luego me miraba sin mirar.

Me encerró en los poros de su piel y me condenó a contar una
mentira por cada lunar besado en otra boca que no fuera suya.

Y me ajustició la muerte, obligándome a vivir entre sus pieles.
Isaac me enseñó a fumar. Y creo que, a veces,
lo hago para no dejar de ser la vocal de sus menciones.

Y me tatúo sus dedos
en las hojas de un cigarro candente, y le amo como si el mañana fuera
una fila de cerillas apagadas en whiskey.

Y, quizá, me hago parte de su lengua en todas las habitaciones
que empiezan por dos.

Nunca pediremos rayos de sol para desayunar,
ni hablará de amor eterno.
Marchará con el cordón desabrochado del único zapato que
llevará.

Yo robaré su corazón en un vaso roto. Y ese será su penúltimo
regalo.

"Me debes un Peter Dawson, pequeña, y me corresponde el placer de ver
cómo sus gotas discurren por tus pechos".
Desaparecerá, dejándome el aroma de un libro, cuya única página
arrancada será la última.
Y, desde que Isaac prometa cobrarse la copa que le debo, todos los
años se convertirán...

...en un lapso de 1962.

George Herbert dijo una vez
que el sol salía en todos los lugares al amanecer.

Pero puedo jurar ante Dios que el mío,el que me abandonó en
1967,
vino de regalo con un Winston, unos vaqueros ajustados y una
visa.

El amanecer se hizo llamar Marta,
y frecuentaba bancos para hacer bocetos de la trayectoria del
vuelo de sus billetes.Los robaba de dos en dos.

Siempre juró que no le hacía falta.

"Si no lo tiene la calle, se lo comen los buitres".

Y yo me enamoraba del olor del dinero cuando era cautivo de su
falda.

Me arrojó una Browning 35
en un banco de un pueblecito de Tennessee.

*"Cógela con fuerza y huyamos detrás del tiempo que hace que no
te pierdes viviendo sin límites".*

Y recorrimos desiertos enlatadosque congelaron nuestros pies.

Marta decía que el color del dinero se parece a la sonrisa de un
niño
que come su primera comida caliente del día.

O a escuchar:
"Que Dios te bendiga",
en más idiomas de los que el hombre había inventado.

La primera vez que me desnudó,vestía palabras de cortesana
y lloraba apasionada las películas de Arthur Penn.

Vi el cielo bañado de estrellas de seday degusté el Apocalipsis
patrocinado por sus botellas de tinte rubio con Channel.

Se la llevaron
mientras yo compraba chocolate en una gasolinera en Ashville,
Alabama.

Me confesé su cómplice
y, ella, negó trabajar con aficionadas.
Después, me lanzó un beso
desde esa jaula de perlas que la alejaba de mí,que, bajo mi
almohada, asfixiaba sus besos como pedazos de chocolate.

Aún recibo sus cartas:

"Querida, hoy he decidido que,hasta el día de mi muerte,
tú serás el único olor de mi piel".

Y, a veces, solo a veces, la imagino tumbada en la playa con ese
pañuelo rojo y ese pelo rubio,
con esa mirada clavada en mis muslos diseñando un vestido con su
lengua.

A veces, solo a veces, todas las mujeres de este mundo se parecen a
ella...

...y el universo se asemeja al paraíso.

PARTE III:
DE TUS LABIOS Y OTRAS FORMAS
DE MORIR SIN QUERER

Lo llaman equinocio de otoño, pero nosotros solo podemos
aguardar los cuernos que anuncian a Hades.

«La gente no empieza una guerra nuclearc on sólo cinco misiles»,

dijo.

Y se homenajeó al único lobo con razón entre noventa y ocho
millones.
Pero los años en que las guerras se traman,germina la paz entre la
seda de un enviado de Dios.

Y cuando perdonaron
a Galileo espiar a la Luna,
tú abriste la puerta de la clase más vacía de toda la ciudad. Era 9
de mayo de 1983.

Y ahí estaba yo, habiendo perdido a Marta y, con ella, el último
voto de obediencia que me quedaba.
Dibujaste un círculo en la pizarra.

—Imagina vagar por el universo toda una eternidad.

Y lo imaginé.

—Ahora idea un planeta naturalmente caótico.

Y lo ideé.

—Ahora supón que la única que puede evitarlo, se aleja 3
centímetros y medio cada año.

Y lo supuse.

—Ahora dime quién es
y yo te diré qué podemos hacer para que no se vaya.

Y lo dije

–La Luna.

Y sonreíste primera vez, para enamorar un verso
que tropezó al descubrir tu boca.
–¿Qué podríamos hacer?,

insistí.

–Podríamos hacerle una bonita fiesta de cumpleaños.

Y el resto de los invitados entraron de golpe.
Y evoqué todos los segundos para escuchar al aire llorar en tus
espiraciones.

Y los que tardaste en confesar, que eras adicto a las estrellas,
se tatuaron en el cielo de mi boca, para que, cuando las nombrara
a ellas, solo se escuchara tu nombre.

Eras el zenit del lucero más candente,
el único alma sin eterno retorno,un verso de Borges
grabado en un trozo de piel.

La mitad de tus vistazos condenaron a los astros a orbitar en tu
bolsillo.
Quizá, fuiste el sol unos instantes.

Eres el convencimiento inoportuno de que una gráfica inventada
puede interpretar
una caricia de la vida.

—*Sólo los cobardes saben que es más peligroso vivir,*

dijiste.

Los martes me pedías
que te hablara sobre la filosofía de una taza de café.

Me teñías los labios de la gota más amarga
y lo enmendabas con un verbo dulce.

Después fuimos pasos del mismo camino
y cada madrugada que nos guardaba el secreto,decías despertar
una estrella para mí.
Pasaron más de diez millones de segundos y alumbraste el cielo
entero.
—*Debo cambiar la historia para que quepas siempre en la memoria
de aquellos ignorantes de ti.*

*Fuiste la expiación
de un dictador arrepentido,la huida de un amor*

preso de insidias o un trozo de pan
en la boca de un niño.

Quizá, la lluvia abrigando el verano más ardiente,un perdón a
una condena,
la cripta de algún olvidado vestida de flores.
O, tal vez, cada movimiento de un mar enfado por tu ausencia.

Fuiste un trozo del mundo
en el que todos querríamos morir.
Pero ¿sabes qué es lo que siempre serás?

— ¿El qué?

—Mi Luna.
Y, entonces, decidí crecer en cada trazo de una pizarra
o menguar en tus silenciosY llenarme de ti cada…

…noche inagotable.

El 12 de febrero de 1984,muere Julio Cortázar
y mis letras se resientena la aceptación.

Isaac llamó esa noche:

—Querida, ¿eres feliz?

—Lo soy.

—Entonces, te dedicaré mil sonetos.

Pronunció esas palabras,
y supe que nada sería para siempre.

Cerré la puerta.
Sentado, frente a mí lucías esa sombra latente distante de la mía.
Con el recodo de algún *pero*
hecho pasado.

—*Princesa, hay un secreto que el sol te esconde.*

—*Yo soy del sol, y el sol es mío,*
¿qué podría esconderme?

—*Que se apaga.*

Y las luces se tornaron tenues en todo el universo.

Las herrumbrosas lanzas,
los gritos de las farolas tapiadas
y el insaciable olor de un mate fallido, reclamaron mi mirada a tu
maleta
que custodiaba la puerta.

Cuando supe que mil sonetos taciturnos y cansados, precederían
tu féretro,
juré morirme contigo.
Y lo hice, entre adicciones invisibles en radiografías o metástasis
inoperables
ancladas al hueco de tus escaleras.

—*Me marcharé de este mundo contigo, si te vas.*

Y me miraste
como si las palabras pudiesen clavarte los dientes.

—*Princesa, la única invitada que falta por llegar al cumpleaños
de la Luna,eres tú.*

Cuando escuché el sonido de la puerta cerrarse,
juré que tus manos serían las últimas en tocarla.

Y decidí que la Luna
no volvería a brillar para el mundo...

...nunca más.

PARTE IV:
DE NEGAR TU NOMBRE,
DE QUEMAR MIS MANOS

Minerva me contó una vez, que *lunes* significaba día de la Luna en latín.

Pero fue el martes que partiste
el que convirtió todos los segundos en iguales y oscureció los pecados
más radiantes del paraíso.

Supe que quería aprender a morir para que tuviéramos una oportunidad en la otra vida.

Pero una ráfaga convirtió en intenciones las pastillas y decretó
que, en memoria de Marta,
no me mataría el hambre.

El tiempo fingió no saber contarse
y se propuso detenerse hasta nueva orden.

El 1 de septiembre de 1985,
se hallaron los últimos restos del Titanic.
Enredada en la trágica sonrisa de una presentadora,
pasé mil doscientos segundos sin acordarme de tu nombre.
Y me castigué hasta que el sol
te viera retornar, sabiendo que nunca volverías.

La Luna negaba la luz
a las pisadas de aquellos que la buscaban.

Y yo había dejado fugarse al tiempo,
para pasar mil doscientos segundos sin mencionar…

…que eras adicto a las estrellas.

Mire mis manos,
las mismas que ocurren sin ti, y las odié.
Ese fue el primer corte. Después, mis labios llenos de afrentas.
Ellos sí te echaban de menos.

La segunda herida fue en mis piernas. Ellas insistían en caminar
sin ti,
y yo las castigaba también.

Mi pelo y, con él, arranqué las caricias allí enredadas.

El penúltimo tajo fue una fotografía. O las cicatrices de mis dedos.
Ellas no se van a ninguna parte, como lo hiciste tú.

A veces, me desprecio
y te desdigo cada tregua sin segundos porque ellos sí se fueron
contigo.

A veces, te detesto
como a ese dictador inclemente,
o a la cripta llena de flores que se pudren.
A veces relego la ira de un mar que solo pronuncia tu nombre.

Y siempre te maldigo por elegir otro mundo en el que morir…

…que no soy yo.

PARTE V:
DE NEGOCIAR CON EL DIABLO UN
SEGUNDO DE LLUVIA

1986.
Elie Wiesel tiró una piedra a mi ventana.

"Traigo un viaje y tres infiernos".

Trepó a mi piso,
y tomó un sorbo de absenta.

*"Tú quieres recuperar un alma y yo voy a decirte tres lugares
donde podrás hallarla,
si me ofreces algo a cambio"*.

Y jugué, como si el mañana llevara una madrugada de ventaja.

—Birkenau,

dijo él.

Y yo, por ti,
le ofrecí mis pasos danzando eternos.
Él negó con la cabeza.

–Auschwitz.

Por ti, le ofrecí mi vida a cambio de la tuya.

Él disintió mirando la ventana.

–*Buchenwald,*

susurró.

Le mostré entonces el tiempo en segundos inicuos.
Se levantó y se alejó de las palabras que vuelven sobrias las hadas
verdes.Y quiso saltar.

Yo le brindé mis cifras, mis gestos y mi voluntad.

Por ti, le dediqué el Génesisy el Apocalipsis
y las sustancias suspendidas entre mis manos.

Le ofrecí mi cuerpo, mis entrañas...

—*Ofréceme la Luna,*

sentenció.

Y mi voz, hizo sordos los oídos del viento.
—No. La Luna no.
Me contempló, como a una flor brotando de una piedra.Como la
más sombría de las dudas alumbrada por el sol

Y sonrió,

—*Esta vez sí.*

La lluvia se convirtió en la obsesión del fuego.
He sabido que hay llamas
que se extienden para pedir la extinción.

Detestan vivir separados por estaciones discordes.Él esquiva el
invierno, ella declama el verano.

Y quizá durante un compás o dos ambos se encuentran en un
paisaje,
en una hoguera bañada en sal o la más dócil tormenta
en un incendio cualquiera.

Así he vivido yo tratando de inventarlos en un mismo lugar.

Con infortunio en mi causa,hasta 1985, cuando,
redimida del permiso de Dios,
Manhattan lloró mi pena
durante treinta millones de segundos.
Había sido timada por el diablo,había sajado mi cuerpo,
había impugnado tu nombre.

Ya no tenía fuerzas
para jugar a dinamismos.

Durante los treinta millones de segundos,en que la ciudad me lloró
palpé el fuego tornarse fatuo,para aprovechar el instante, en que
el agua lo rozaba.

El fuego me recuerda a mí.La lluvia eres tú.

Amontoné mis adicciones y descubrí que nunca
había sabido vibrar sin ellas.

Salí de casa, por primera vez, acompañada de unas flores de
plástico y la sugerencia de una ventana.
Fui a visitar a Iván.
La lluvia no cedía. Seiscientos segundos despuésme dejé arrastrar
a casa.

Encendí un cigarro y quemé mis dedos.
Supuse que ya no sabría fumar sin que tú me miraras.

Fumaba siempre vestida del prólogo de un relato
contado para mayores de edad que concluía con un café frío
sentada en tus piernas recitando a Kant.
Me detuve.

Escuché con atención
y el diluvio susurró tu nombre.
Esa noche la Luna tampoco vendría a cenar.

Ojalá nunca le hubiese dicho que se fuera.

Lloré como la niña que recuerdaque no siempre se puede volar
por crecer con el viento.
El cielo se contuvo entonces,mis ojos aún cegados,
mis manos aún quemadas y el cigarro en un puño.

Mil segundos después,me sostuve en mí
y partí a casa.

Miré la gran bóveda celeste, otra vez, y atravesé la ventana.
Desechaba al mundo

y a los cigarros que se exilian de mis manos.

Pero a la Luna no…

…a ella la echaba de menos.

PARTE VI:
DE LA ÚLTIMA VEZ QUE LA LUNA
DIJO TU NOMBRE

...Mantendré abiertas las heridas y seré memoria de lo perdido,
no cuidaré mis desgarros, ni pediré explicaciones o respuestas.
Me sentaré ante la eternidad a ver pasar el curso de las lunas,
en esta zona oscura de frontera, donde la luz cae y no se levanta:
seré el suicida que degustó su sangre hasta la última gota.

Marga Guiberteau
(Extracto de su obra *Ausencias*)

"Querida Luna,
creo que te echo de menos. He cometido un grave error.Regresa."

Una ráfaga disolvió estos versos el martes.Es domingo y ella sigue
sin venir.

Es 1988.
Hoy he mirado mis manos,siguen perennes.
Últimamente, he soñado
con las noches que expiraron antes que tú.

Y en el juicio de mis manos se ha confesado que hace mil
cuatrocientos millones de segundos
que siguen perpetuas.

Hoy, un céfiro entre tantos que te llevaste,
me ha despertado extrañándola a ella un poco más.

Manhattan madruga como siempre.

Sin ti.

Es lo más parecido a la resaca solo que nunca me desprendo del
sabor de tu boca,
y el café sigue frío,
aunque Kant ya no diga nada.

Amarte se ha convertido en sueño,
y despertar en una factura demasiado cara.

Esta tarde, he vuelto a ver a Iván.Las calles mudas de ti,
me arrojaron a la carretera,
y la cólera colisionó conmigo algo desganada.Entre los ruidos de
sirena.
Una niña me ha preguntado cuál era mi nombre.

Y, entonces, se ha declarado cautivo del espacio
que ocupas en mi mente.

He recordado que no solía llamarme de ninguna forma
y he sentido frío de mí.
De vuelta a casa dejé
la mirada grabada en un cristal de vestidos de boda.

La ciudad empezó a inquietarse
y el frío decidió que aquella extraña le empezaba a gustar.

7 de Julio de 1988.
A los soviéticos empezó a parecerles excitante el planeta rojo.
Suerte que eximieron
a la Luna hace algún tiempo.

Iván solía provocarme
con la presencia de los rusos allí.

— *¿Princesa, les darás la bienvenida?,*

reía.

A mí me invadía la rabia.

—*Ellos jamás la pisarán.*
Y con un beso, creía ganar la disputa.
Aún me duele recordar sus caricias
bañadas en tratados sobre las luchas de clase.

Cuando lo asesinaron,
leí más de 1000 libros sobre el comunismo. Conocí a Lenin y tuve nostalgia,
me enfrenté a Stalin y se definió a martillazos

"Yo no soy comunista", le confesé una vez a Iván.

Me miró fingiendo sorpresa.

«*El estado es un mecanismo históricamente temporal,
una forma transitoria de sociedad*»,

le repetí victoriosa.

Después me daba otro beso.

Ese era gratuito.
Eso fue antes de ti,
después, las cosas se han fundido en las huellas de tus pasos
dejándome ir.

El mundo era mejor si lo vestías de ideas.

Aunque mucho antes,

Julio me robaba la soberbia
con la que juzgaba una muerte cerebral
y hacía clavar mis ojos en dudas y dilemas,que nunca concluyen
en nada.

Isaac, me mostraba el alcance del verso libre en los pétalos de un
alma apagada.

Yo abanderaba sonetos.
Él arañaba endecasílabos
en las desinencias de mi espalda.

Y Marta… ella me confundía con tacones y estampados de barro.

Ensuciaba sus vestidos caros para hacerlos más exquisitos.
Cambiaba el caviar, por unas tortitas de Hotel de carretera.
Sus labios, todo lo consumían con la ambición de una deidad.
Era el tropiezo de la imperfección.

Todos ellos solían instruirme.

Como tú.
Y, ahora que eres fugitivo
de un cartel de estrellas tenaces,me compongo de aliteraciones sin
vocales perpetuas.

Así no sé vivir,
si la vida se muere,si la vida eres tú.

Me niego a vivir desde que te has ido pero sigo respirando.

Ojalá fuera tan fácil
como dejarse llevar por Átropos hasta un infierno de almas
proscritas.Perezco contando segundos,

en una escalera de marfil, los cuento todos
para comprobar que pasan sin ti.
Un hombre me contó una vez que la Luna era de color roto.

Dijo que yo había sido siempre su princesa, condenada a
distinguirlas en postales y dibujos. Y asumiendo la condena de ese
trono escarchado para el resto de la eternidad.

No he vuelto a verle...

Quizá la Luna no se había ido contigo. Ya se había marchado
mucho antes que cualquiera de nosotros,
antes que el sol...

...incluso, antes de mí.

Un reloj parado en mi salón señala la puerta cerrada.
Creo que, aunque este edificio se derrumbe seguirá en pie.

Ojalá fuera como ella.

Desordenando libros anónimos, llegué a un arrugado papel de
bolsillo con olor a naftalina.

«Estos días azules y este sol de la infancia».

Supe que sería para mí cuando lo leí por tercera vez.

Es confuso y fresco a la vez. Como saber que Benson enamoró a la
Luna
y desconocer el acento de tu nombre.

«¡Ámala, ámala, ámala! Si te complace, ámala.

Si te hiere, ámala.
Aunque te rompa el corazón...
Dudé un instante.
Después cerré el libro, otra vez.

Dickens sobornaba mi paciencia marcando la redención
en jóvenes entusiasmadas de tragedia.
Pero a mí no me quedaba humor para más lecciones.

1989 fue el último año
que no me dejó ganar al BlackJack,
mientras bebía Martini entre velas perfumadas.

El libro reclamaba mi presencia en la mesilla.

Yo hacía turno en la ventana,
donde todos los cielos convocaban a la Luna,pero ninguno le
ofrecía té.

Mis latidos versionaron
Hot in the Shade sin tu batuta,
un amanecer que me sacudió la tormenta despejándote a ti.

Tú llegaste siete mil segundos despuéspara dictar sentencia.
Dividí 1989 en tres actos,
que duraron diez millones y medio de segundos.

El segundo, como en las mejores obras,fue el más importante.

Ordenaba siempre las terceras habitaciones que concluían en el
vacío.
La habitación número 247

parecía un saco roto de latón
lleno de libros enrollados.

Yo moraba una casa lúgubre
que insistía en que le hablase sobre ti. Pero era lunes, después de
un infierno maquillado de domingo.

Y le conté al viento que el lunes sería, desde entonces, solo para
mí.

Revolví los momentos y desnudé las paredes
en las que me hacías el amor cuando partía la conciencia.

Y volví a amarte en silencio.

Volví a regresar atrás.
A no tocar puertas, a tentar ventanas,
a calarme en las lluvias que cortaban mis manos.

Volví a desestimar los segundos, a desmenuzar raíces,
a quemarme en los cigarros.

Volví a morir.
Volví a no saber vivir sin ti.

Atenué las luces.
Olvidé todo lo que creí saber sobre mí y desacerté los acertijos
que me juraban libertad.

Me alisté voluntaria en las filas de tu piel. El tiempo se paró.
Y yo me deshice de mí,

para contarle a esos acertijos
que mi sentencia era cadena perpetua.

La eternidad anclada a ti. Y cerré las manos.

El día 6 de febrero 1992,
junto a la ventana, escuché a Dylan Thomas recitar:

"Dead men naked they shall be one
with the man in the wind
and the west moon..."

Y cayeron tres capitanes, un subordinado
y un anónimo.

Madrid palpitó
pintándose la sangre de negro. Y la ira me contó,
que los lapidadores muertos, no lapidan.

Que el averno sería nuestro mejor refugio para abrigarme con el
fuego de tus cenizas.

Me persuadió de que arderíamos especialmente allí.
Entonces, dije basta. Volví a citarte,
a calcinar mi cuerpo, a cambiar mi alma
por unas vacaciones en Birkenau.

Volví a llorar como un descreído
y a regresar al instante,
en que la Luna se marchó de mí.

Volví a no ser sin ti.

Me entregué a Morfeo en una sagaz madrugada,
y soñé que Karol Wojtyła me pedía perdón.

"Galileo mirará la Luna sin ocultarse nunca más.
Ahora te toca a ti, Princesa"

Y desperté el 31 de octubre de un suspiro del último año en que
sería tuya.

Abrí los ojos.
Amontoné mis adicciones convertidas en cartas desde hoteles en
Barcelona
donde Isaac seguía sin querer amarlas once sílabas de un soneto.

O misivas de Marta desde un penal que caducaba en más de medio
millón de segundos.

—En una semana —me corregí— es una semana.

"Querida, en siete días, volveré a verte.
No me importa donde quieras morir oculta. Yo conocí tú historia.
El profesor de estrellas me contó que os adueñasteis del amor,
hasta que el amor se apropió de ti. Me dijo que te cuidara.
Sabía contar estrellas mejor que ningún Dios. Pero ahora está con
ellas, Princesa".

Sostuve el papel que cortaba todas las heridasque maquillamos de
infamias.

—Se llamaba César,

susurré.

Entonces, supe que te habías marchado
para siempre, que no habría ninguna deidad tan preciosa,que
contase las estrellas como tú.

Encendí el último cigarro de octubre,a las 23:34. No me quemé.

Fui una dulce melodía fascinada por haber pronunciado tu
nombre,durante un rato.

El tiempo se descontó los segundos que había perdido conmigo
y me hizo jurar no dejarlo ir.

Se ordenó esclavo del reflejo de una princesa sin luna
y pospuso a Dickens cien años más.

Reí.

Sentí que la pena se moría de mí.
La penúltima calada cerró mis ojos un momento.Cuando los abrí,
miré el cielo oscuro,
como siempre.

Pero el tiempo,
que peca de prudente en las noches conversas, me hizo volver.
Y allí emergió un foco tenue que se desdibujaba si tratabas de
insistir en él.

Un fulgor similar a la luz de un faro.
El único faro que custofiaba el ancho océano de estrellas.

La miré hasta que mis ojos se secaron.

—*"Es la Luna, Princesa, ha venido para decirte que estés
tranquila. Solo una adicción reflejará tus pasos"*,

dijo el tiempo.

Y el golpe del viento abriendo la puerta,le cedió el turno a la
Luna.

Tuve una fuerte adicción a las letras,cada una de las cuales
aspiraba
a componer tu nombre.

Pero ahora apago el cigarro, mi amado profesor de estrellas,tan
sólo recordando
las que componen el mío. Y miro la puerta, evocando que juré
que nadie más que tú,la tocaría.

Y miro mis manos,
y mis versos discuten con Iván,observan a Julio,
lamen las letras de Isaac,suspiran por Marta,
y se llenan de ti, para que mis labios puedan acabar de apilar las
adicciones que susurran que mi nombre es, a veces,
el que tú solías ponerle a la Luna.

Pero ahora es solo mío...

…Adriana.

Adriana acaricia la puerta para cerrarla y envejecer con el tiempo.

Tal vez, se demorará un rato más en llegar al cumpleaños de la Luna.

O puede que nunca llegue y pregunten por ella escritores, ladrones, médicos y soñadores.Pero no importará.

Incluso si debe detenerse el instante o contarse en segundos, la ráfaga de las promesas a las que faltamos,sabrá que morirá de la mano
de una fuerte adicción.

La más fuerte de todas las adicciones.

Mi nombre es Adriana,
y tengo una fuerte adicción a las letras,cada una de las cuales…

…aspira a componer mi nombre.

REFLEXIÓN DE LA AUTORA

Después de diez años estas palabras ven la luz y se liberan del letargo al que las condené como se condenan las cosas que nos hacen vulnerables.

Confieso que conozco esta obra igual que cualquiera de ustedes y espero que hayan encontrado en ella el mismo abrigo que la luna me regaló a mí.

Es una historia sobre adicciones, sobre una mujer que se va componiendo a sí misma, como todos nosotros. Sobre amores que se cuentan en segundos para que la despedida llegue más tarde.

Este poema se hizo a sí mismo como una cuestión de supervivencia y, así, nació ella, de todo el amor que guardaba dentro de mí y no podía sacar.

Una década después todo se ve diferente, pero sigue resonando en mi cabeza esa frase que dice:

«[...] mi nombre es, a veces, el que tú solías ponerle a la Luna.

Pero ahora es solo mío.»

Y entonces, quiero que mi nombre sea solo mío y componerme de mis propias letras, como uno se compone a sí mismo.

Quizá, Adriana, es ese personaje que nos recuerda que, aunque pase toda una vida, siempre podremos mirar a la Luna y hacernos una bonita fiesta de cumpleaños.

Quizá somos las historias que contamos, las palabras que elegimos pronunciar, los nombres que nos pertenecen solo a nosotros.

Deseo que haya sido un viaje agradable junto a ella y a todos los que la amaron alguna vez, como aquellos que nos aman, incluso, cuando a veces olvidamos nuestras letras.

Índice

Ediciones Vitruvio

Colección Baños del Carmen

Últimos libros publicados:

Las flores del mal, de Charles
Baudelaire

En mi cuaderno de viaje, de
Carmen Maga

Declaración jurada, de Manuel E.
Castillo

Siempre Domingo, de Pascual
García

Escribir Silencio, de José A.
Alfonso

Ciento cincuenta voltios, de David
Alberti

Que nada se olvide, de Álvaro
Fierro Clavero

Ayer es mañana, de José Elgarresta

Y ahora sorpréndeme, José Ramón
Silva

Playa sin mar, de Eduardo Crespo

El mar mientras duerme, de
Santiago Gómez Valverde

Madame Podeva, de Natalia Ruiz-
Poveda

El hombre que alimentaba su alma,
de Sergio Macías

A la tarde, de María Paz Otero

La ingravidez que somos, de
Antonio Ríos

La ilusión del indulto, de David
Minayo

El vigor, de Leonardo David
Segado

Balcones azules, de varios autores

Música Rusa, de William
Jonhsnton

El lenguaje del número, de Juan
Pedro Carrasco
Doce voces, una voz, de Jaume
Mesquida

Memoria del frío, de Ricardo Ruiz

Acceso a la vida, de María José
Pérez Grange

La fama pregonera, de Jesús
Mauleón

Equipaje de momentos, de Carlos
Guerrero

Habrá poetas, de Mikel Ceniceros

El único umbral, de Diego Doncel

Mil años de poesía (1000-2000),
número mil de la colección Baños
del Carmen

Autobús nocturno, de Luis
Machuca Moreno

Donde nadie dirige la mirada, de
Fernando Fiestas

Siempre promete amanecer, de
Ignacio Eufemio Caballero

Recuento de ilusiones, de Norberto
Garcés

Y la que escucha no es ella, de
Silvia López Ripoll

La levedad, de Cristina Liso

La niña que ha sembrado la tierra
del poema, de Josela Maturana

Despacio y tiempo, de Angie
Expósito

El agua en la mano, de Félix Recio

Parábola entre parabólicas, de
Pablo Villa

Centinela del viento, de Daniel
López Acuña

Guiñol, de Pedro López Lara

Historias encontradas, de Domingo
Luis Hernández

El gozo cumplido, de María José
García Mesa

Postales del norte, de Juan Gil
Bengoa

Obra poética incompleta, de Yong-
Tae Min